# DISCOURS

PRONONCÉ PAR LE R. P. CAUSSETTE

À L'OUVERTURE

## DE LA FACULTÉ CATHOLIQUE DE DROIT

Le 15 Novembre 1877.

# DISCOURS

PRONONCÉ PAR LE R. P. CAUSSETTE

A L'OUVERTURE

## DE LA FACULTÉ CATHOLIQUE DE DROIT

Le 15 Novembre 1877.

Messeigneurs [1],

Messieurs,

Pourquoi mon discours après celui que vous venez d'entendre, au risque de vous en faire regretter la sympathique autorité? Pourquoi mon intervention plutôt qu'un encouragement de ces nombreux et vénérés Pontifes, dont les accents seraient si pieusement recueillis? Mon obéissance ne serait point aveugle si elle pouvait donner ses raisons. Voici, cependant, ce qu'elle voit sans ouvrir les yeux. Si les nobles

---

[1] NN. SS. les Archevêques de Toulouse, d'Avignon, d'Aix, d'Albi, et NN. SS. les Evêques de Montauban, Rodez, Versailles, Perpignan.

fondateurs de cette œuvre ont confié aujourd'hui la parole à un modeste ouvrier de la fondation, c'est à raison de cette haute convenance qui empêche l'homme de louer ses ouvrages, et qui veut que les grands montrent par les soins d'un intendant les beautés de leurs palais. Ce n'est donc point en architecte c'est en cicerone de ce monument que j'en vais faire les honneurs, interprète mille fois plus honoré qu'autorisé de ceux qui l'ont bâti.

La controverse sur la liberté d'enseignement supérieur est épuisée. Les mandements de NN. SS. les Évêques ne nous laissent plus rien à dire à cet égard, mais ils nous laissent beaucoup à faire? Toutefois, il n'y a point, évidemment, lieu de combattre aujourd'hui, nos chefs ayant déjà vaincu, et puisque la place est ouverte, c'est l'heure d'abaisser nos armes pour déployer nos enseignes. Dans cette franche exposition de notre dessein nous montrerons ce qu'il n'est pas, avant de dire ce qu'il est.

I

Que nous proposons-nous en prenant possession de cette liberté si longtemps revendiquée? Quelques-uns ont dit : Une concurrence qui sera nuisible à la paix.

Envisager ainsi cette question si haute, c'est la voir de très-bas; c'est plus mal interpréter encore les sentiments de notre cœur que la sagesse de la loi. En principe, le vrai perturbateur du repos public, ce n'est pas le faible qui réclame son dû, c'est le fort qui le lui refuse. La reconnaissance loyale par tous, des droits légitimes de tous, est la meilleure garantie de la paix sociale, parce que si elle ne rapproche pas les hommes, elle les empêche de se heurter, et la plus dangereuse des guerres civiles est celle qui se perpétue, à l'état latent, dans un texte de loi consacrant les priviléges des uns au détriment des autres.

En fait, comment la paix serait-elle menacée parce que nous multiplions les maîtres chargés de la faire régner, par la vulgarisation des règles qui la garantissent? Est-il rien de plus pacifique que de semer abondamment dans le pays ces docteurs du juste et de l'injuste qu'Ulpien nommait, en sa langue immortelle, les prêtres du droit, *sacerdotes juris,* que l'antique Rome décorait, en signe de respect, de son pontificat, et dont la société moderne honore encore la mission à l'égal d'un sacerdoce, parce qu'aucune fonction ne s'en rapproche davantage.

Moins que d'autres villes, Toulouse doit craindre la division en érigeant une Faculté libre de Droit, sœur et non rivale de celle de l'État. Plusieurs maîtres de celle-ci, en effet, ont formé ceux de la nôtre et sont dignes de leur servir de modèles; d'autres sont notre orgueil ou notre espérance, d'autres sont nos amis. Grâce à Dieu, Coras, le grand romaniste toulousain du seizième siècle, compte, parmi ses successeurs, des héritiers de son vaste savoir, non de son hostilité à l'Église : aussi, quand NN. SS. les Évêques ont commencé leur fondation par la Faculté de Droit ce n'était point dans une pensée critique, c'est-à-dire pour aller au devant du plus grand mal; c'était pour venir en aide au plus grand nombre, et poussés par cette nécessité logique qui, dans la construction d'un édifice, pose la plus large assise avant toutes les autres.

Que poursuivons-nous encore dans l'occupation de ces chaires moins élevées que la nôtre? Quelques autres ont dit : Une utopie préjudiciable au progrès des études juridiques. La véritable utopie, c'est de prétendre que l'Europe n'a jamais été mieux éclairée que lorsqu'elle n'avait que cinq foyers de lumière : les Universités de Bologne, de Paris, de Toulouse, d'Oxford et de Salamanque. Les grandes agglomérations d'écoliers favorisent la renommée des écoles plutôt que leur supériorité doctrinale. Alors les professeurs fleurissent, souvent la science languit; l'enseignement public n'est plus une distribution de lumière proportionnée au besoin des esprits; ce sont des chaires changées en théâtre, où l'on voit, au-dessus, un maître qui brille, autour, une multitude qui applaudit beaucoup, et fait très-peu de choses. Sans doute, j'admire le grand Cujas, suivi par ses élèves de Cahors à Valence, de Bourges à Turin, et dépeuplant une Université quand il transporte le trône de sa royauté juridique dans une autre. Ainsi devaient s'opérer les mouvements scolaires à une époque où les élèves étaient nécessairement nombreux parce que les écoles étaient rares; mais, en règle commune, et j'allais presque dire évangélique, les professeurs utiles sont comparables aux bons pasteurs, ils doivent connaître leurs disciples et en être connus, c'est-à-dire réaliser en eux l'autorité enseignante du père embellie par quelques sollicitudes de la maternité.

Dieu a mis dans la sympathie du maître la part la plus communicative de son talent, et confié la sainte transmission de la vérité comme celle de la vie au noble ministère de l'amour. Mais, pour que la sympathie soit possible au maître, il faut que les élèves soient des intimes de sa pensée, non des unités anonymes de son auditoire. Pour que la sympathie soit possible à l'élève, il faut que le maître soit un bienfaiteur qui se donne à lui, non une idole qui se fait admirer de loin sur son piédestal. Voilà le témoignage de la nature, je pourrais ajouter : Voilà celui de l'expérience, car la preuve irrécusable que le progrès des lumières est représenté par la multiplication des Universités, c'est que le dernier siècle en comptait quatre-vingt-seize, et celui de Philippe-Auguste à peine deux ou trois.

D'ailleurs, quelles réponses plus directes nous pourrions adresser à certains adversaires, en sortant de l'attitude purement défensive où nous nous sommes établis?

Pourquoi nous reprocher d'allumer de nombreux foyers de clarté, tout en nous accusant d'obscurantisme? Pourquoi décréter l'instruction obligatoire en bas, et l'instruction privilégiée aux sommets? Pourquoi encourager la concurrence et le libre échange des produits matériels, et voter pour le système prohibitioniste dans l'ordre intellectuel? Pourquoi, enfin, ce libéralisme inconséquent qui admet toutes les libertés excepté celle de le contredire? Je ne veux pas abuser la victoire de la raison contre les passions et les intérêts, mais, ce que je ne tairai point, c'est que, pour nous, l'idéal du progrès social, c'est le pain et la vérité mis à la portée de tout le monde; c'est, qu'aux yeux de l'Église, un peuple est un enfant de grande famille à qui on ne doit pas marchander le luxe des précepteurs : et si d'autres pensent que le moyen d'avoir plus de lumières serait d'avoir moins de flambeaux, ce n'est nullement la preuve qu'ils marchent en avant de leur époque, mais bien plutôt qu'ils croient la devancer parce qu'ils lui tournent le dos.

Nous ne sommes donc pas la discorde, nous ne sommes pas la décadence des études, serions-nous un instrument de parti? Quel est l'honnête homme capable de faire la preuve d'une telle imputation? Pères vénérés de notre Université! quand vous avez si péniblement réalisé ce groupement de toutes les forces catholiques pour la défense de la foi, quelle est la nuance politique qui vous accepte et que vous ayiez repoussée? Quels sont les auxiliaires qui veulent de votre Christ et dont vous n'ayiez pas voulu? Donc qu'on ne cherche pas en nous des juristes de coterie. Si, en droit maritime, le pavillon couvre la marchandise, à nos yeux, dans cette traversée au long cours des études juridiques, dans ce vaste océan de la science du droit, où l'on se croise avec tant de pilotes divers, la cargaison fera toujours oublier le drapeau : que ce drapeau soit celui de Dumoulin, favorable au vassal contre le seigneur, ou celui de d'Argentré, tenant pour le seigneur contre le vassal. Celui de Merlin, courtisan régicide de la liberté, ou celui de Troplong, accusé de complaisance pour l'autorité. Ainsi, sans compromettre la vigueur de nos convictions personnelles, nous ne serons jamais, ni les avocats consultants d'une clientèle politique, ni des casuistes de faction. Ah! quand la France agonise pour avoir trop peu de croyances et trop d'opinions; quand, appauvrie en principes et en hommes, elle n'abonde qu'en partis et en fractions ou poussière de partis; quand elle subit, avec la défaite à l'extérieur, la désagrégation de ses éléments vitaux à l'intérieur, et cette suprême corruption des peuples comme des corps en décomposition, la division à l'infini, malheur à nous si nous abritions à l'ombre de la croix l'avénement d'une nuance politique nouvelle! ce parricide national, ce crime de lèse-patrie trouverait son châtiment dans son succès, car la faute d'avoir créé ce désordre serait moins effrayante que la douleur d'être condamné à y assister.

Puisque nous ne représentons ni la guerre, ni la décadence, ni la politique, à tout le moins allons-nous enseigner une doctrine surannée et une jurisprudence d'ancien régime. Ne nous supposez point cet accès de somnabulisme historique. Nous ne rêvons ni du grand Coutumier de France, ni de Droit féodal. Pour nous, le monde ne finit pas aux *Institutes de Lancelot,* ni aux *Assises de Jérusalem.* Nous ne remplacerons point les

Pandectes par les Décrétales, et ne regrettons pas même les temps où notre pays comptait autant de codes que de villages, si bien que tout voyageur, au dire de Voltaire, y changeait aussi souvent de lois que de chevaux de poste. Mais, tout en restant des jurisconsultes du jour, nous montrerons que si l'Édit du préteur, si Gaius, Papinien et Modestin ont atteint l'idéal de la déduction et du langage scientifique, l'Évangile les a complétés. Nous répèterons que si, dans le silence du Droit positif, c'est le Droit naturel qui doit interpréter les lois, le Droit naturel lui-même n'est souvent déterminable qu'à la lumière de la révélation. Nous déclarerons, à propos, que le législateur étant la multitude, très-mobile de sa nature et très-sujette à contradiction, il faut subir sa toute-puissance sans adorer son infaillibilité. Nous proclamerons que, comme la morale, la jurisprudence ne saurait être indépendante de certaines croyances; car si le Droit est sécularisé, chez nous, il n'est point radicalement sceptique; si la loi est déiste, elle n'est point athée en principe, de telle sorte que c'est une apostasie antijuridique de la rendre athée dans l'application.

Nous combattrons, surtout, ces matérialistes de la jurisprudence, qui n'ayant point de foi ne sauraient avoir de *criterium* doctrinal, vrais empiriques d'audience, pour qui toute la science est l'art de gagner des procès, le droit absolu un rêve métaphysique, le droit réel une création arbitraire des États, la loi, en un mot, un fait toujours plus saint que les principes contraires, partant le juste un point de vue d'école dont le praticien n'a pas cure, et la justice, elle-même, une superstition détrônée par la légalité. Enfin, sans daigner réfuter la calomnie qui nous accusera de mettre la théocratie dans l'enseignement, nous y mettrons la part de théologie nécessaire pour le rectifier. Nous donnerons la mesure de l'écart, trop souvent considérable, qui sépare ces deux lignes en législation : ce qui est et ce qui devrait être ; et, formant des hommes de conscience plutôt encore que des lauréats de concours, nous leur dirons souvent : « Voilà ce qu'on répond aux juges de la licence et du doctorat, mais voilà la vérité dont vous répondrez au jugement de Dieu ! »

Étrange aberration de croire que des chrétiens n'ont point de mission chrétienne à remplir dans un tel professorat ! Le plus grand mal, à cet égard, ce n'est point le mal lui-même, c'est qu'il ne soit point aperçu. Pour moi, quand je feuillette la bibliographie juridique, je suis si stupéfait des améliorations dues au christianisme et dont on le frustre en démarquant leur provenance ; si attristé des plagiats législatifs dérobés au cœur de Jésus-Christ et dont on évite de citer l'auteur ; si effrayé des crimes commis par les législateurs qui décrètent sans lui ou contre lui, depuis les Césars romains, sacrifiant la famille au despotisme paternel, jusqu'à la Convention, reconnaissant les mêmes droits de successibilité aux enfants naturels qu'aux enfants légitimes ; enfin, si révolté de voir des légistes qui l'adorent, le bâillonner et le garotter dans son Église, à tel point que certains civilistes français pourraient devenir conseillers de la couronne à Saint-Pétersbourg; qu'à ce mal, trop peu senti, je ne vois qu'un remède : on a conservé l'image du Christ dans les prétoires, il faut la rétablir à l'École de Droit. Dans les tribunaux, il moralise les accusés, parce qu'il fut lui-même, innocent, traduit et condamné, et les juges, parce qu'il est juge éternel des justices corrompues. Dans l'École, il sera là pour dire aux jurisconsultes de l'avenir : C'est moi qui suis la source du droit inaltéré. A celui qui la cherche, sans le flambeau de ma vérité, dans les profondeurs de la nature, la nature ne répondra que le mensonge, et le jour où le droit cessera d'être chrétien, il cessera même d'être naturel.

## II

C'est là, en quelque sorte, l'envers de la question, car je n'ai dit que ce que nous ne voulons pas; mais que voulons-nous ? Deux mots résument toutes nos ambitions : nous voulons ressusciter un passé glorieux pour Toulouse et préparer un avenir meilleur pour la France.

Toulouse a des intérêts à part dans la restauration universitaire qui s'accomplit. Le plus beau chapitre de son histoire ce n'est, ni la chronique de son gai savoir, ni celle de ses comtes, ni celle de son Parlement, c'est celle de son *Studium generale,* qui donna pendant six cents ans des grands hommes à l'Église et à la France, en même temps que la gloire à son nom, car si elle fut qualifiée de sainte par respect pour ses reliques, elle fut surnommée la savante à cause de son Université. Celle-ci fut un présent offert à nos pères par deux mains augustes, celle de saint Louis, le plus grand roi de notre histoire, et celle de Grégoire IX, le compilateur des Décrétales, le Justinien du droit canonique, dont Raymond de Pennafort fut le Tribonien.

En 1228, Raymond VII, longtemps rebelle au Pape et au roi, implora son pardon : le roi y mit pour condition l'entretien de quatre professeurs de théologie, deux décrétistes, six maîtres-ès-arts et deux régents de grammaire dans la capitale de l'hérésie vaudoise. Ce fut l'institution civile de notre Université. De son côté, au mois d'avril 1233, le Pape confirme les conventions passées entre le roi et le comte, il approuve le nouvel établissement d'instruction par une bulle qui reconnaît à nos écoliers la liberté de ceux de Paris, qui ordonne aux bourgeois de leur louer des maisons à modique prix, et qui permet à leurs maîtres d'enseigner sur toutes les chaires de la catholicité sans autre diplôme. Ce fut l'érection canonique de notre Université.

Or, sept cent quatre ans après la création de cette Institution, et près de cent après sa destruction, voilà qu'elle renaît de sa propre séve. Nous assistons à cette résurrection, et nous sommes nombreux, ici, pour en signer le procès-verbal, qui restera aux archives de l'avenir. Tant il est vrai que les dynasties comtales et les puissants feudataires, les hérésies et les guerres de religion finissent, mais l'Église recommence toujours !

Depuis, quel lustre projeta sur nos annales la splendeur de notre Université ! Paris fut appelé, par honneur pour la sienne, dans la pittoresque langue du moyen âge, tantôt le *Candélabre de la catholicité*, tantôt le *Gymnase de l'univers*. Toulouse vint immédiatement après pour l'ordre de naissance de son gymnase; mais tandis que celui de la capitale n'enseignait que les belles-lettres, le nôtre avait seul, après Bologne, le privilége des études de Droit. C'est alors, surtout, que Toulouse mérita ce bel éloge du poëte Ausone à l'adresse de notre époque théodosienne :

*.....non relicebo Tolosam*
*innumeris cultam populis.....*

Qui pourrait énumérer les illustrations de l'Église formées à l'École dont nous inaugurons la restauration ! Au moins cinq papes, Clément IV, Jean XXII, Benoît XII, Innocent VI et Urbain V, sortirent de notre Université, soit comme élèves, soit comme professeurs, préparés par elle, d'esprit et de cœur, au gouvernement de la plus belle monarchie de ce monde. Douze cardinaux, parmi lesquels Gaudin, de Bayonne; Pierre de Foix, et Arnaud d'Ossat surgirent bientôt, comme une noble cour, autour de ces souverains pontifes, qui avaient été nos hôtes avant de devenir nos pères. Trois archevêques de Toulouse, Vital de Castelmaur, Denis Dumoulin et Bernard du Rosier passèrent, de nos chaires de droit civil ou de droit canon, sur le siége de saint Saturnin. Douze colléges, dont certaines de nos rues portent encore les noms, dont l'un eut pour collégiats le cardinal d'Ossat et l'archevêque Pierre de Marca, furent institués, comme autant d'internats gratuits, pour les élèves qui ne pouvaient suffire à leur entretien.

De cette sorte, dès le treizième siècle, l'enseignement supérieur avait, parmi nous, des bourses constituées en faveur de ses disciples pauvres, charité sublime de l'Église envers les intelligences d'élite que l'opulence des États n'a pas encore réalisée ! Et cette population de trois cents étudiants boursiers, jointe à celle de trois ou quatre mille externes, cette jeunesse pieuse et lettrée qui devait, un jour, compter Vincent de Paul dans ses rangs, agitait tant d'idées, produisait tant d'illustrations diverses, que l'Université toulousaine fut bientôt deux fois catholique, en ce sens que sa lumière éclaira la catholicité, et qu'Innocent IV, par une bulle fameuse, put la déclarer célèbre dans toute la terre, même au temps où celle de Paris possédait saint Thomas et Albert-le-Grand.

Elle n'eut pas moins d'importance par rapport à la science que par rapport à l'Église. Elle fut le berceau scolaire de Cujas, le plus grand des jurisconsultes venus après ceux de l'ancienne Rome. Là, brillèrent Doujat, mort doyen des régents docteurs de Paris, les deux Guillaume de Montlezun et de Cunho, Belle-

Perche, à la renommée européenne, Maran de Hauteserre, aussi grand chrétien que canoniste, et Ferrier, et Aufreri, et Pibrac, et Bastard, et enfin ce sympathique Roaldès, qui s'éteignit, dit-on, d'un deuil d'amitié après la tragique mort de Duranti, réalisant en sa noble fin cette délicate pensée de Cicéron sur un trépas semblable : « Les dieux ne lui ôtèrent pas la vie, ils lui accordèrent la mort (1) ! »

Ah! parce que nous sommes les fils d'un siècle appréciateur de la science juridique, où l'on vit le roi de Prusse assister aux funérailles de Savigny, et la France faire à Troplong une sépulture princière, ne croyons pas en remontrer à nos aïeux pour ce culte élevé. Bartole, qui fut enfant prodige, qui enseignait déjà à dix-sept ans, et qui admirait sobrement, célèbre dans ses œuvres la dispute fameuse que François Accurse, l'illustre glossateur de Bologne, soutint dans notre Université, contre Jacques de Ravigni, un de nos professeurs. On parle aujourd'hui beaucoup de la *monarchie de la langue française;* alors, grâce à l'universalité, j'allais dire à la catholicité de la langue latine, tandis qu'Accurse avait des auditeurs enthousiastes à Toulouse, notre *Studium generale* élevait la voix par la bouche de Coras à Padoue, par celle de Cujas à Turin. Aussi il fut investi, sous François I$^{er}$, du privilége de créer des chevaliers : après vingt ans d'exercice, ses professeurs avaient le titre de comtes

---

(1) *Mémoire* de M. Rodière *sur l'enseignement du droit, à Toulouse, depuis la fondation de son Université.* Voyez le *Recueil de l'Académie de législation.*

ez-lois, et les Capitouls ajoutaient avec orgueil à leur qualité celle de bachelier : en un mot, aucune gloire ne lui manqua que l'immortalité, mais la vie que la révolution lui ôta, l'Église vient de la lui rendre par sa puissance de résurrection.

Autrefois, messieurs, on portait les portraits des ancêtres aux funérailles : pour moi, je viens d'élever les images de vos aïeux au bord d'un tombeau rouvert, saluez-les avec respect; surtout que ce spectacle soit pour vous une impérissable leçon. Il me semble voir ces ombres chéries se ranimer, et promenant un regard triste sur notre cité actuelle lui dire avec reproche : Tu es bien toujours la capitale lettrée que nous avons aimée : voilà ta Basilique avec sa crypte sainte où nous avons prié; voilà ton Capitole embelli, quoique défiguré, que nous reconnaissons encore; mais as-tu marqué, dans ton enceinte, la place où nous avons parlé? Montre-nous une des pierres qui tressaillirent à nos accents. Quels sont ceux d'entre nous que ta salle des Illustres a reçus? O Toulouse! tes rues se sont alignées, tes places se sont embellies, tes murs se sont dilatés, pourquoi ton rayonnement scientifique s'est-il amoindri? Tu étends, comme deux bras, tes canaux jusqu'aux Deux-Mers, que sont devenus les temps où tu touchais, par tes idées et par ton renom, aux confins de l'Europe savante? Avec notre souvenir tu as perdu ta suprématie intellectuelle : tes fils ont le vernis, non la grande culture de leurs aïeux; ils vivent sur la réputation que nous leur avons léguée, comme des prodigues dévorent, au lieu de l'accroître, l'héritage paternel : laisse donc à terre tes ruines archéologiques, et relève celles de ton Université, car si tu ne remontes jusqu'à nous, tu descendras au-dessous de toi-même ; mais si tu nous rends le passé, nous te promettons l'avenir.

J'ai entendu cette prière des ancêtres, et, la main levée sur leur tombe, je donne ma parole que j'y déférerai. Sans doute, c'est l'épiscopat qui plante, et c'est Dieu qui fait croître de telles créations, mais c'est le dévouement de tout le monde qui les arrose. Or, si tout le monde le voulait bien, et si nos vénérables fondateurs me permettaient une initiative qui leur appartient, j'oserais vous annoncer l'ouverture de notre Université complète à prochaine échéance. Alors seulement, Messieurs, nos aïeux seront contents de nous, et Toulouse, redevenue digne d'elle-même, réapparaîtra dans toute la poésie de son histoire : reine couronnée de lumière, entre ses quarante fauteuils rangés autour du trône d'Isaure, et ses quarante chaires élevées autour du tombeau de saint Thomas.

Il est, cependant, en nous, un amour plus grand que celui de notre ville, celui de notre pays, et il m'est doux de penser qu'en restaurant nos splendeurs locales nous coopérerons au relèvement de la France. Qu'allons-nous offrir à sa détresse maternelle ? des hommes nouveaux et une science chrétienne.

Pour avoir des hommes nouveaux, il faut des creusets nouveaux. C'est dans le sein de ses jeunes institutions que la Patrie conçoit ses citoyens sublimes, les anciennes, à l'exception de l'Église, subissant les tristes conditions de l'âge pour la durée comme pour la fécondité. Aussi, la naissance de chaque Université, même de celle de l'État, fut une germination d'éminents esprits, et il n'est point permis de croire que la nôtre n'aura point quelques hôtes à offrir au Panthéon de l'avenir.

Posez la main sur le cœur de la France, interrogez-la ; sa désolation actuelle, c'est sa stérilité en voyants de génie, c'est le deuil de ses grands morts qu'elle ne peut remplacer. Comme elle a quelque chose de la femme dans le cœur, elle pardonne tout à ses fils et à ses maîtres, même de la faire souffrir, pourvu qu'ils la fassent briller ; même d'abuser d'elle, pourvu qu'elle soit fière d'eux. Nature élevée qui a besoin d'admirer pour aimer, et dont ce trésor d'admiration tourmente aujourd'hui les aspirations généreuses, parce qu'elle ne sait où le placer. Ah ! qui lui rendra un cri de tribune qui la soulève, une page sublime qui électrise ses douleurs, un livre où son âme palpitante retrouve conscience de sa grandeur ! Non, ils sont tous morts les maîtres glorieux qui la portèrent si haut, et morts sans postérité. Morts les orateurs, morts les philosophes, morts les historiens, morts les grands capitaines, morts les hommes d'État, morts tous nos bons génies et tous nos sauveurs, et nous restons sur leurs tombeaux comme de faibles ombres, incapables même de trouver des pleurs dignes de ces immortels aïeux !

Eh bien ! que notre Université s'élève et suscite sa moisson d'hommes supérieurs ; c'est le corps d'élite qui nous manque, car j'entends la France adresser à l'épiscopat la prière éplorée de Rachel : Donnez-moi des enfants illustres ou je vais mourir : *Da mihi liberos, alioquin moriar*. A ce point de vue, une Faculté catholique de Droit peut être une école de régénération sociale. Les annales, comme la culture de la jurisprudence, améliorent les âmes. Pour bénéficier de cette expérience, étudiants ! rappelez-vous souvent les vertus naturelles des incomparables jurisconsultes de Rome : le désintéressement de Nasica, la sagesse de Sempronius, l'austérité de Scœvola, la grandeur d'âme de Rutilius, la fermeté de caractère de Labéon, la modestie presque chrétienne de Gaïus, surtout la magnanimité de ce Papinien, savant et préfet du Prétoire, qui accepta la mort à trente-six ans, plutôt que d'employer son autorité juridique à excuser un meurtre de Caracalla.

Ensuite, descendant, ou plutôt, montant de l'antiquité païenne à la sphère évangélique, méditez les mœurs et la foi pure de vos ancêtres dans la science, depuis le religieux Domat jusqu'à ses dignes successeurs, Toullier et Pardessus, Rossi et Marcadé ; vivez dans l'intimité de cette intègre magistrature qui, depuis d'Aguesseau jusqu'à Portalis, rend des arrêts pour les plaideurs, mais ne rend de services qu'à la France ; et si vous utilisez la fréquentation d'une telle société pour votre élévation morale autant que pour votre instruction, si vous vous dites souvent, à son exemple : Le savoir, ce n'est pas un privilége, c'est une fortune qui doit faire l'aumône ; Dieu ne place certains esprits sur les hauteurs que pour verser leurs bonnes influences au-dessous, de même qu'il soulève les montagnes pour arroser les plaines, alors de grands réparateurs de notre décadence, de vrais rédempteurs sociaux surgiront parmi vous.

C'est un moment solennel, Messieurs, que la mise d'un vaisseau à la mer. A ce spectacle, toute une population se pose des questions palpitantes : Quels rivages visitera-t-il? quels passagers prendra-t-il à son bord? quelles tempêtes va-t-il braver? verra-t-on son pavillon porter en triomphe la gloire de la patrie dans des métropoles conquises? le verra-t-on sombrer au fond de l'Océan? Telles sont les préoccupations qui nous émeuvent en lançant sur les flots cette nef encore sans agrès, destinée à devenir un trois-mâts. Certes, nous ne lui souhaitons que de transporter beaucoup d'esprits, exilés de la foi, vers les côtes de la patrie, et de former grand nombre de héros à ces manœuvres de sauvetage qui remorquent jusqu'au port les empires désemparés. Toutefois, si, par hasard, la tourmente vient la surprendre à cette noble tâche, j'affirme, au nom de ses pilotes, qu'ils seront, ce jour-là, au banc de quart, et que si son pavillon est déchiré, au moins il ne sera point amené.

Mais détournons-nous de ces tristes perspectives, et, rentrant dans notre pensée, aimons notre œuvre, Messieurs, non-seulement pour les hommes qui l'ont fondée, mais pour ceux qu'elle peut produire. J'ai lu, quelque part, que Bossuet passant devant le collége de Navarre, en reconnaissance des leçons qu'il y avait reçues, découvrait son front ceint de tant de rayons. Que si jamais un Bossuet de l'avenir, traversant nos murs, adressait le même hommage à cette enceinte, je défie les siècles de jamais assez refroidir ma cendre pour qu'elle ne tressaille pas à un tel remercîment.

Susciter des hommes à la France, c'est une ambition légitime de notre part ; lui offrir une science essentiellement chrétienne, serait-ce une censure implicite d'autres enseignements? Ici, loin de ma pensée la moindre velléité d'allusion ; pas plus avec la parole qu'avec l'épée, on ne doit frapper par derrière. J'admets donc la parfaite orthodoxie de tous les divers cours de Droit, mais, sans critiquer le programme des autres, je viens proclamer le nôtre : nous sommes Université Catholique, qui pourrait nous reprocher de caractériser notre doctrine du même nom? A ce nom, cependant, ne vous récriez pas; quoique fils de Rome, nous ne répudions pas la lumière de Paris; seulement, nous professons que, dans le domaine des principes aussi bien que de la viabilité, les voies Romaines sont les plus indestructibles. Une génération les couvre parfois de la poussière de son mépris, une autre, fait passer sa civilisation en triomphe sur ces dalles toujours inébranlées. Voici donc quelques sillons de ce genre à tracer au milieu de notre législation, et qui n'en dérangeraient point l'harmonie : nous ne jalonnerons que les sommets.

Après la belle synthèse du Droit prétorien, du Digeste et de certaines codifications canoniques, quel monument plus beau que notre Code Civil? respect à ce puissant instrument de l'unité et de l'influence françaises, par lequel nous avons régné plus loin, et d'une manière moins éphémère que par nos armes! Mais, serait-ce irrespectueux de s'affliger qu'il soit chrétien en admettant le serment devant le crucifix, déiste en reconnaissant même des cultes antichrétiens, athée en dérobant le mariage, c'est-à-dire les sources de la vie humaine aux bénédictions de la religion, contrairement aux lois de l'humanité entière? Pourquoi ne lui souhaiterions-nous pas d'être d'accord, non point avec un pays sans Dieu qui n'existe, géographiquement, nulle part, mais avec lui-même ? Nous placerons donc toute l'économie de la jurisprudence actuelle en face de la science chrétienne, et nous jugerons l'une par l'autre.

La science chrétienne, en cette matière, c'est, d'abord, la philosophie du droit :

Nous fondons cette chaire, certains de tenir la promesse qu'elle fait, d'enseigner la cause première et le but final de notre objet d'étude. Taparelli, Zallinger excellent à montrer la base et la raison du Droit, parce qu'ils ont pour *criterium* le décalogue et l'Évangile. Mais comment feraient pour déterminer le devoir juridique, ceux qui n'ont pas la notion certaine du devoir éthique? Et comment l'auraient-ils, puisque leur idéal régulateur est une conscience, capable des écarts incommensurables qui séparent Platon de Proudhon, la probité punique de l'orgueil stoïcien ? Non, c'est une vérité de foi, qu'en dehors de la révélation surnaturelle, l'esprit humain est incapable de composer, sans mélange d'erreur, le faisceau complet des vérités naturelles; aussi, partout où l'on dogmatise sans foi, la philosophie du Droit se perd dans les brumes de la spéculation. Partout où le Droit chrétien ne règne pas, ce Droit *universel, immuable,* dont parle le Code civil, et *qui est la source des lois positives,* s'obscurcit. Alors, plus de synthèse possible, c'est-à-dire de ces aperçus encyclopédiques, qui ramènent tout à l'unité; le Droit tourne à l'empirisme, la science est décapitée, et, faute de principe supérieur pour guider sa marche, la législation se perd dans le dédale de ses propres détails. Ainsi, le voyageur au désert s'égare s'il regarde à ses pieds, parce que les sentiers mouvants de la plaine s'effacent bientôt les uns les autres; mais il se retrouve s'il s'oriente sur le soleil.

La science chrétienne, en jurisprudence, c'est la connaissance du droit chrétien. Aussi, est-il surprenant que l'Église, créant une Faculté de Droit, y introduise le sien? Y a-t-il, d'ailleurs, un cours plus opportun pour tant de casuistes césariens tranchant toujours les questions mixtes contre nous, sans étude préalable de nos lois; juges subornés qui, dans les procès plaidés entre l'Église et l'État, n'ont jamais écouté qu'une partie? Comme ce cours compléterait encore bien des légistes, contempteurs d'un passé qu'ils ignorent, et dont la bibliothèque n'a jamais admis ni le décret de Gratien, ni le *Corpus juris canonici,* ni aucune somme juridique du christianisme, à figurer auprès de celle de Justinien!

Je conviens que je ne sais rien de vos lois, mais que savez-vous des nôtres ? A peine quelques détails apocryphes persiflés par Voltaire.

Ah ! quand je suis avec un peu d'attention la lente infiltration d'esprit chrétien qui se fait dans les veines de l'Europe par les décisions conciliaires ; quand j'assiste aux deux plus grandes transformations de l'ère moderne : l'abolition de l'esclavage, et l'émancipation de la femme, accomplies par des législateurs anonymes, semblables aux architectes de nos cathédrales, qui bâtissaient et ne signaient pas ; quand je vois, sur les ruines amoncelées par les barbares, pousser cette fleur de la pitié dans la loi, qui attendrit la guerre, qui adoucit la captivité, qui abolit la devise païenne : Tout pour les forts, rien pour les faibles, et qui délivra les neuf dixièmes de l'humanité qui ne s'appartenaient pas ; quand je pense que Charlemagne consacra plus de temps à la rédaction de ses Capitulaires que Napoléon à la formation de son Code ; enfin, quand prenant la question par le côté poétiquement moral, je vois Odofridus passer une nuit en prière pour demander à la vierge Marie la conciliation entre deux textes des Pandectes, et Marculfe, écrire au bas de son formulaire : *Le dernier et le plus vil des moines*, j'éprouve une souffrance d'honnêteté blessée, en pensant que les descendants de tels hommes les connaissent à peine de réputation. Mais, si j'ajoute à ces considérations qu'il y a, dans le fond et dans les termes, beaucoup de Droit canonique mêlé à notre Code Civil et de Procédure, je conclus qu'il existe, parmi les législateurs, des usurpateurs du bien d'autrui qui ne sont pas poursuivis, et, parmi les savants, des ignorants qui ne sont pas démasqués.

La science chrétienne, en Droit privé, trouve que chez nous, la femme, l'enfant, la jeune fille pauvre, le vieillard, toutes ces saintes faiblesses consacrées par l'Évangile, ne sont point encore assez protégées par la loi. Elle estime surtout que le problème du Droit de propriété n'est pas résolu péremptoirement par Grotius et Puffendord, et que toute l'Europe, admettant le Dieu du Sinaï, cette image adorée placée sur la lisière de chaque propriété et redisant sans cesse, à la convoitise armée, le septième précepte de la loi, défendrait mieux les héritages que ne le fait la métaphysique des droits acquis et des droits innés. Au temps de Cicéron, on faisait apprendre par cœur aux enfants la loi des Douze-Tables, ce vieux fétiche de l'enfance de Rome. Combien de légistes ondoyants, aujourd'hui, n'auraient besoin que de réapprendre les commandements de Dieu, pour acquérir la fermeté dans la doctrine de la probité !

La science chrétienne, en procédure, c'est l'art d'abréger les procès, ou mieux encore de les éviter, plutôt que celui de les bien conduire. Les Romains avaient fait de la procédure une science mystérieuse, réservée aux patriciens pour l'exploitation du peuple ; les chrétiens en font une science sans voile et sans embûches, pour obtenir du prochain tout ce qui leur est dû, mais en lui faisant le moins de mal possible.

La science chrétienne en droit constitutionnel, explique les lois de la société idéale dont le Christ est le roi ; elle montre ensuite les lois de la société actuelle dont il est le premier roi détrôné, et elle dit à ses disciples : Aimez et servez la seconde ; mais aspirez comme à une patrie perdue à la perfection absolue de la première.

La science chrétienne, en droit économique, est-elle concevable ? Que peut avoir à faire la théorie de la production et de la répartition des richesses avec une foi qui les méprise et les anathématise ? Demandez, néanmoins, à saint Grégoire qui se condamne au pain et à l'eau pendant six mois, parce qu'un pauvre était mort de faim, dans ses États. Donc, l'Église qui a défriché ce monde pour le faire germer et fleurir, l'Église qui en a si bien utilisé les produits au profit de ceux qui souffrent, ne veut pas qu'on stérilise la terre dans la contemplation du ciel. Mais, grands prêtres de l'*utilitarisme* qui subordonnez toute notre destinée à l'accroissement des capitaux et du bien-être, écoutez cette mère tendre professant sa loi économique. Le premier intérêt, vous dit-elle, ce n'est pas l'utilité matérielle, c'est le progrès moral, ce n'est pas l'abondance de la production, c'est le respect pour la vie humaine qui produit, ce n'est pas le développement des richesses, c'est celui des vertus, ce n'est pas que tout le monde vive à l'aise, c'est surtout que tout le monde ait le droit de vivre. Par conséquent, ô économiste de la dépopulation, ô Malthus, qui fûtes l'Hérode des enfants à naître, soyez à jamais le spectre de nos consciences et l'exécration de notre enseignement ! mais vous, au contraire, qui fûtes martyr d'une sainte cause et le propagateur d'une économie vraiment chrétienne, ô Rossi ! dormez en paix sous la pierre où une pieuse main grava cette oraison funèbre à jamais prononcée par vous-même : *Bonam causam suscepi, miserebitur Deus.*

La science chrétienne, en Droit international, n'aurait-elle rien à voir? Une grande honte de ce temps, c'est sa tendance à croire qu'il n'y a pas de morale pour les nations ; et, comme il n'existe pas de tribunaux pour juger les gouvernements puniques, il semble que leur impunité suffit à légitimer leurs félonies et leurs forfaitures. Demandez aux anciens ce qui élève les nations, ils vous répondront : C'est la justice; demandez aux politiques du jour, ils vous diront : Ce sont les gros budgets et les nombreux bataillons. Ainsi, les principes s'oblitèrent, le Droit est ridiculisé, et les peuples, dépravés par ce spectacle, s'accoutument à n'avoir qu'une seule religion, celle de l'intérêt.

Professeurs chrétiens, enseignez donc qu'il y a, dans l'improbité diplomatique, une déchéance antichrétienne; que Dieu a posé la borne des empires comme celle des propriétés particulières : *Constituit terminos populorum;* que si franchir un fossé mitoyen pour aller attaquer son voisin et lui prendre sa bourse, est un crime ordinaire; passer une frontière pour aller égorger un peuple et lui confisquer sa patrie, son berceau et ses tombes, c'est un attentat presque inexpiable; enfin, que ce brigandage de chancellerie : La force prime le droit, n'est pas un éclair moderne de génie gouvernemental, mais une impiété envers Dieu et les hommes, déjà flétrie dans la *Loi des Visigoths* et dans le *Bréviaire d'Alaric*.

A d'autres points de vue, malheur à la fraternité des peuples si l'enseignement est polygéniste, et n'admet la solidarité humaine ni en Adam, ni en Jésus-Christ; comment seraient-ils frères ceux qui ne procèdent pas d'un même père? Malheur aux sympathies internationales si l'enseignement est païen ou darwiniste, car entre hommes issus des pierres jetées par Deucalion et Pyrrha, ou de plusieurs souches simiennes, quel lien de parenté héréditaire pourrait exister? Alors, vous qui professez le droit des gens, descendez de vos chaires et ne vous constituez plus les juges de paix des nations ; pour les nations, tout étranger est ennemi, et la patrie a le droit de dévorer l'humanité. Et que Grotius, de son côté, refasse le magnifique chef-d'œuvre : *Des droits de la paix et de la guerre,* car le droit de la guerre, c'est d'attaquer toutes les fois que l'on est sûr d'être vainqueur; le droit de la paix, c'est de prendre par la ruse tout ce que l'on ne peut extorquer par violence, et, entre les peuples comme entre les fauves de la forêt, il n'y a plus de question à résoudre, il n'y a qu'une curée à se disputer, dont la meilleure part appartient au plus fort.

Enfin, la science chrétienne, en droit criminel, c'est la recherche patiente, aimante, de cette difficile solution : diminuer la pénalité des condamnés, sans amoindrir la moralité et la sécurité générales ; enlever à la répression tout caractère de vengeance, pour la consacrer par celui de leçon providentielle et de préservation sociale. Or, serait-il vrai que l'humanité envers les coupables n'a commencé qu'à Beccaria et à l'école sentimentale de Rousseau?

Ne sont-ils pas chrétiens dans leurs idées ces utopistes d'intention souvent antichrétienne, à qui la vue de l'échafaud donne des pamoisons accusatrices contre le passé, et qui se posent en inventeurs, en Christophes Colomb d'une philantropie jusqu'à eux inconnue? Remontons à la vraie source de la mansuétude à l'égard des malfaiteurs, elle jaillit, sur le Calvaire, de cette parole ineffable : *Père! pardonnez-leur, car ils ne savent ce qu'ils font!* Depuis, l'Église a recueilli dans son cœur ce foyer d'un amour nouveau, et l'a répandu, en suaves commisérations, sur tout le système pénal de notre civilisation, n'hésitant pas à partager ainsi, avec la douce corédemptrice des hommes, le titre sublime de Mère des misérables : *Mater miserorum*.

Mère touchante! qui, en nous enseignant de quel prix ont été payées nos âmes, nous a révélé ce que vaut notre vie, qui n'a jamais infligé, directement, la peine capitale, de peur de condamner quelqu'un à la mort éternelle, et qui a tellement horreur du sang qu'elle ne veut pas pour ministres ceux qui en ont taché leurs mains.

Mais voici un admirable embrassement de sa vérité et de sa bonté. Jamais l'Église ne fut complice du paradoxe qui conteste à la société le droit de disposer de la vie d'un homme, pour défendre celle des autres et pour se défendre elle-même. Qu'ils ne comptent donc pas sur l'appui de la science chrétienne ces criminalistes de roman, qui soutiennent l'inviolabilité de la vie humaine en ceux qui tuent, et qui la sacrifient en ceux qui sont tués ; ni ces criminalistes de la libre pensée qui désarment Dieu dans l'éternité et la société dans le temps, au risque de les défigurer, et de corrompre le monde en lui ôtant la protection moralisante de la justice, pour le placer sous le régime de l'impunité ; ni, surtout, ces criminalistes de secte politique, soupirant des bucoliques humanitaires derrière des barricades, et qui ne votent contre la peine de mort que pour se ménager la chance de pouvoir attenter à la vie des autres sans compromettre la leur ?

La science chrétienne n'a-t-elle pas encore ses points de vue particuliers en droit administratif et commercial ? Ce serait l'ignorer ou la méconnaître que d'en douter.

En droit administratif, elle étudie le pouvoir, non-seulement dans ses diverses hiérarchies de fonctionnaires, mais encore dans son essence constitutive et constitutionnelle. Sans systématiser la règle, elle ne se convertit jamais en pure science des faits et formalités ; elle demeure une doctrine de droit public. Loin de se cantonner dans les bureaux de la commune, du département, du Conseil d'État, elle monte, des complications d'une pratique variable, au sommet de l'immuable théorie, et, de même que, d'après Platon, l'esprit humain est suspendu à l'infini par sa racine, pour elle, toutes les prescriptions administratives doivent être rattachées à des principes régulateurs par un lien de généalogie.

En droit commercial, la science chrétienne étend l'empire de la conscience sur les transactions, elle abaisse les frontières et facilite, entre pays lointains, l'échange des sympathies par celui des produits ; elle applique la rigueur de l'équité évangélique au développement de la fortune privée et publique ; enfin, elle surveille les sources de la prospérité nationale sur terre et sur mer, pourvoyant à la pureté la plus importante pour l'honneur d'un peuple, après celle de ses mœurs et celle de son sang, celle de ses richesses.

Mais, comme je ne veux pas épuiser mon idée, je m'arrête, Messieurs, confus de ne point m'être rappelé à temps le sage précepte de Lafontaine :

...... je tiens qu'il faut laisser,
Dans les plus beaux sujets, quelque chose à penser.

Prévenir ces erreurs et tant d'autres par l'inoculation de l'esprit chrétien dans la science, voilà notre but : S'il est répréhensible qu'on le dise ; nous sommes ici pour en répondre. S'il ne l'est pas qu'on nous laisse passer, nous allons travailler à la grandeur de la France ! Surtout, qu'on ne place pas en travers de notre chemin, ce fantôme, dont le nom ne dit tout à l'imagination que parce qu'il n'exprime rien à la raison : Cléricalisme ! Cléricalisme ? Vous qui le criez si fort, vous êtes une passion de la terre, et mon regard plonge dans l'éternité, je ne vous vois pas !

Cléricalisme? mais vous prétendez, un jour que nous ne sommes rien, un autre que nous pouvons tout : un jour que nous sommes morts, un autre que nous sommes trop vivants, je ne vous comprends pas. Cléricalisme, enfin? et cela, parce que l'on frappe sur le sein de l'Église et que nous ne pouvons retenir nos cris? Parce que nous sommes citoyens, et que nous osons profiter des libertés à nous reconnues par la loi? Parce que l'on insulte et suspecte nos convictions, et que nous aurions l'audace d'y mettre notre tête, s'il le fallait? En un mot, parce que notre foi dépend de Rome plutôt que de l'Etat? comme si ce n'était pas la plus sainte liberté de la France de n'avoir jamais le même homme, pour frapper ses impôts et pour régler ses prières, pour courber son noble front, et pour entrer dans le sanctuaire trois fois saint de sa conscience? Ah! laissez-moi passer; car pour votre dignité plus encore que pour la mienne, je ne vous écoute pas!

Heureusement, Messeigneurs, la réponse à tous ces antagonismes est dans l'autorité de votre présence et de votre coopération. Les légendes du moyen âge rapportent que certains évêques du temps bâtissaient des cathédrales par la vertu miraculeuse de leur bénédiction. Ce prodige, nous l'avons vu; notre immortel Pie IX a parlé, vos mains se sont élevées, les pierres ont obéi, et le monument a surgi. Soyez remerciés de m'avoir confié une délégation qui restera l'honneur de mon sacerdoce; mais soyez-le, surtout, d'une fondation qui sera à la fois la gloire de Toulouse et celle de votre épiscopat. Sur vos fronts consacrés et couronnés, je découvre toutes les grandeurs capables d'incliner le mien. Dans vos rangs augustes, il y a un père vénéré et chéri dont je fus heureux de soutenir pieusement les bras pendant les premiers labeurs de cette œuvre, tandis que son conseil soutenait mon esprit et mon âme; il en est un parmi vous qui fut notre maître, et un autre qui fut notre disciple; mais, comme vous êtes tous nos guides, notre orgueil et notre espérance, nos respects montent vers vous tous avec le même élan de sympathie et de foi. Permettez-moi, cependant, cette faiblesse d'ancien ami et de Toulousain, un des souvenirs pour moi les plus chers de la fête d'aujourd'hui, ce sera de penser qu'elle fut la continuation de celle d'hier (1).

Que les prêtres, principaux bienfaiteurs de cette œuvre, que le premier fondateur d'une de nos chaires (2), que nos souscripteurs insignes et les autres, enfin que les notabilités si élevées et si bienveillantes de cette assistance me pardonnent de ne point faire mention des services et de l'honneur que nous leur devons : c'est discrétion, non point oubli de ma part : qu'ajouterais-je aux remerciements si paternels et si émouvants de Mgr l'Archevêque? Que ce corps de professeurs composé de jurisconsultes si éminents, de prêtres si renommés, d'hommes en un mot si pleins de mérites ou de promesses, me pardonne aussi de ne

(1) Mgr Goux, évêque de Versailles, avait été sacré, la veille.
(2) M. Lasvignes.

point proclamer la justice que tout le monde lui rend ; ses membres me tiennent de trop près, il n'est point permis de se louer soi-même dans sa famille. Maintenant, une seule chose manque au couronnement de notre solennité : la Bénédiction de Marie, qui, dès le treizième siècle, fut la première patronne de l'Université toulousaine : la bénédiction de saint Thomas, ce prodige des Universités de son temps, qui est le protecteur de la nôtre ; enfin, la bénédiction de ces huit Evêques assistants ou fondateurs, pour faire descendre sur cette première assise la prospérité et l'avenir de la fondation : adressons-leur donc, en finissant, l'humble prière du patriarche : *Non dimittam donec benedixeris.*

www.ingramcontent.com/pod-product-compliance
Lightning Source LLC
Chambersburg PA
CBHW060519050426
42451CB00009B/1059